ISBNe: 978-1-944369-07-1
ISBN: 978-1-944369-08-8

Library of Congress Control Number: 2021916651

210 W. Hollywood Blvd.
Box 1111 32569
WWW.MontyMartin.org

To the lightworkers, present, and future, on earth.
Stay on your path, believe, and above all, choose unconditional love.

A todos los trabajadores de la luz, presentes y futuros, en la tierra;
Permanece en tu camino, cree y, sobre todo, elige el amor.

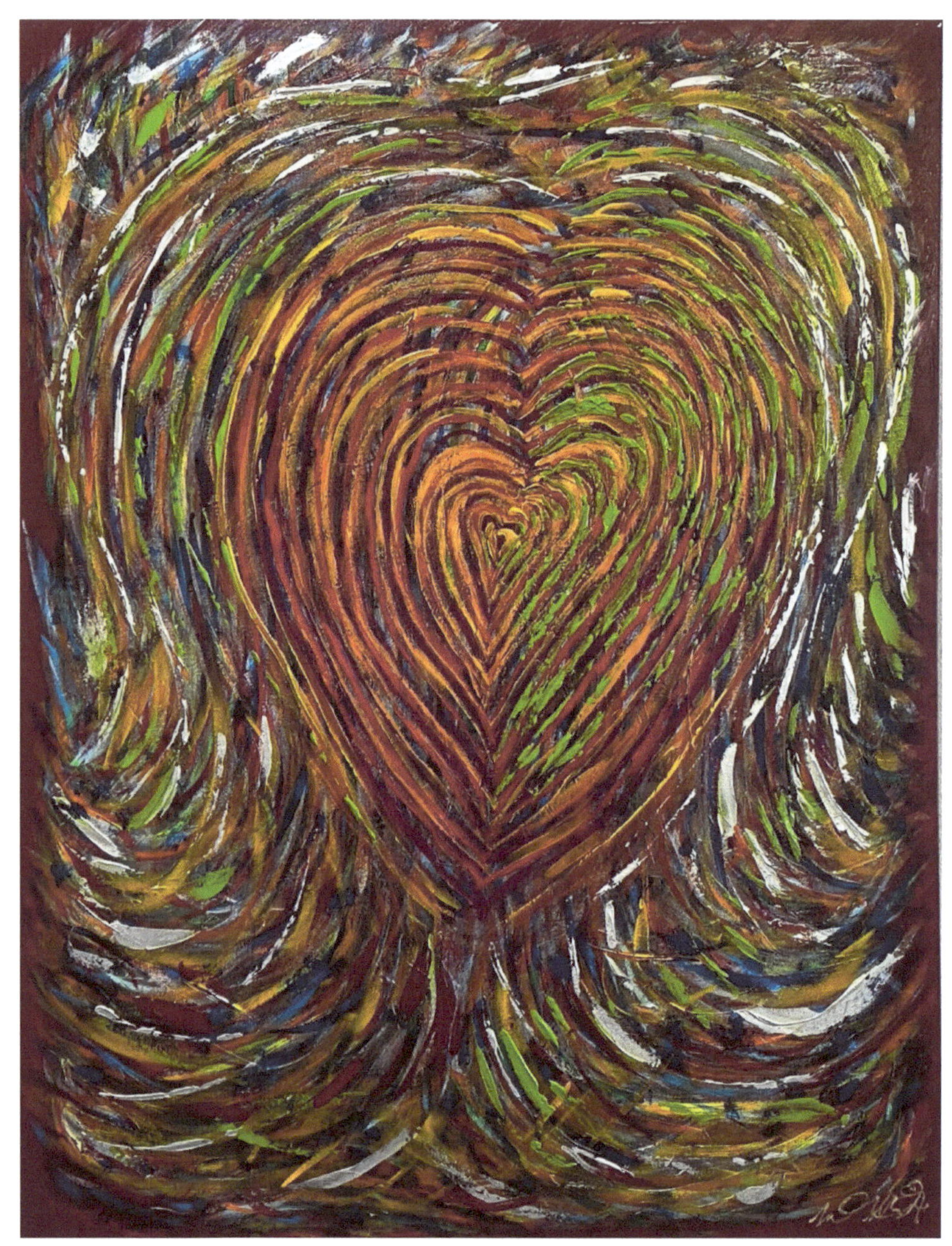

Maravillósa

Maravillósa

Inspired by one of Hollywood's golden era icons. I want to just be wonderful, and wonderful it is in its' mystique. Tormented by the dogma of imagery; Her eminence is concealed in a façade of mystery, hence torn between what transpired from Love, sorrows, desire, and perseverance.

Yet, she remains in plain sight, only to be seen by the creator. For mankind only see's illusory for lack of presence, despite the conveyed effects.

Deep red base defining Love or the Love of; supports iconic imagery concealed by wistful strokes of color, imprinting the surface, much like the wind imprints a woman's hair upon her delicate facial features.

I am happy; I am sad, generally miserable in pursuing a specific emotion, happiness. As human beings, we are oblivious to our lack of presence from a state of joy. Measured upon by spurts of exposure to the limelight, we often take for granted the simplicity of happiness when manifested through simple random acts bestowed onto others and onto us by the creator.

Essentially, it is imperative to embrace the fullness of our humanity in our emotions and feelings. The empaths: The great prophets inspired lessons upon us to convey such, beginning with the most important emotion of all; Love. That is, to love ourselves and love one another as we are, not for who we are or what we do.
It is the ultimate and most important gift, and it is just wonderful!

Inspirado en uno de los íconos de la época dorada de Hollywood. Solo quiero ser maravilloso, y maravilloso es en su mística. Atormentado por el dogma de la imaginería; Su eminencia oculta en una fachada de misterio, por lo tanto dividida entre lo que trascendió del amor, los dolores, el deseo y la perseverancia.
Sin embargo, permanece a la vista, solo para ser vista por el creador. Porque la humanidad solo ve lo ilusorio por falta de presencia, a pesar de los efectos transmitidos.

Base de color rojo oscuro que define el amor o el amor por; apoya una imaginería icónica oculta por pinceladas nostálgicas de color, que imprime la superficie, al igual que el viento imprime el cabello de una mujer en sus suaves rasgos faciales.

Estoy feliz, estoy triste, generalmente miserable en la búsqueda de una emoción, la felicidad. Como seres humanos, somos ajenos a nuestra falta de presencia de un estado de felicidad. Medido por momentos de exposición al centro de atención, a menudo damos por sentada la simplicidad de la felicidad cuando se manifiesta a través de actos simples y aleatorios que el creador nos otorga a los demás y a nosotros.

Esencialmente, es imperativo abrazar la plenitud de nuestra humanidad, en nuestras emociones y sentimientos. Los empáticos ': Los grandes profetas, nos inspiraron lecciones para transmitirlas, comenzando por la emoción más importante de todas; Amor. Es decir, amarse a sí mismo y amarnos unos a otros como somos, y no por lo que somos o lo que hacemos.
Es el regalo supremo y más importante, ¡y es simplemente maravilloso!

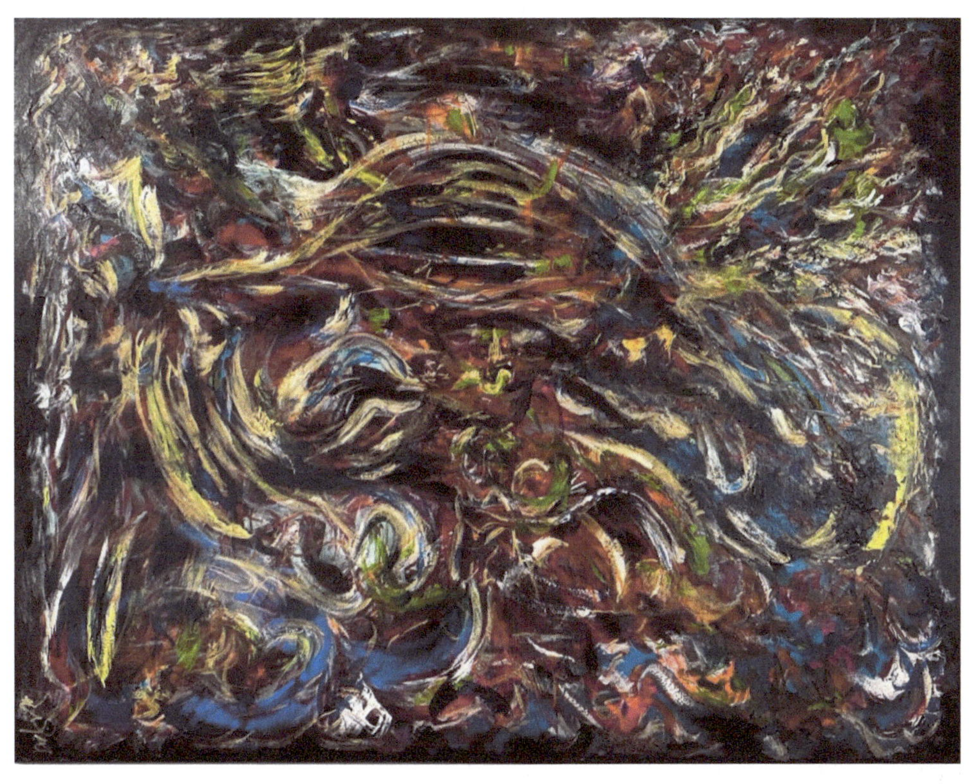

Rā

Rā

The soul, laden by the afflicted flesh, takes comfort in the care given.
Tortured by shadows amid the night, dispersed by fright with a flash of light.
What is this light, made in my image, this presence before flesh? Floating in the air, waving its hand over my presence in what is no longer darkness. Aba! Exclaims the soul, but how does it know?
For we come of light, hence recognizing our own.
Peace bestowed, rest assured, for the morning will come, your flesh and soul restored.

Capturing a situational experience imprinted eons ago, maybe manifested in spirit and flesh. Our constant journey is like a battle in right or wrong, light or dark, life and death.
Letting go of your strokes when in doubt will transpire in the unexpected when yielding it to the test of time.
Against the grain with a flowing pattern of colors guided by emotional presence, yielding a lasting impression which we cannot understand but only accept.

Right ascension, unlike a deity, the one truth with many names, visible to only pure and uncorrupted innocence. Recall, if you may, the imperfections of our nature, and know to be non-judgmental with utmost attentiveness and presence to the trivial quirks of humanity.
The world is trivial; stay on your path.

El alma, cargada por la carne afligida, se consuela con los cuidados que se le brindan. Torturado por las sombras en medio de la noche, dispersado por el miedo con un destello de luz.
¿Qué es esta luz, hecha a mi imagen, esta presencia ante la carne? Flotando en el aire agitando su mano sobre mi presencia en lo que ya no es oscuridad. ¡Aba! Exclama el alma, pero ¿cómo lo sabe?
Porque venimos de la luz, reconociendo así la nuestra.
Paz concedida, ten la seguridad de que llegará la mañana, tu carne y tu alma serán restauradas.

Capturar una experiencia situacional impresa hace eones, puede manifestarse en espíritu y carne. Es nuestro viaje constante, como una batalla entre el bien o el mal, la luz o la oscuridad, la vida o la muerte. Dejar ir tus caricias cuando tengas dudas, sucederá en lo inesperado al cederlo a la prueba del tiempo. Contra la corriente con un patrón fluido de colores guiados por la presencia emocional, que produce una impresión duradera que no podemos entender, solo aceptar.

Ascensión recta, a diferencia de una deidad, la única verdad con muchos nombres, visible solo para la inocencia pura e incorrupta. Recuerde si puede, las imperfecciones de nuestra naturaleza, y sepa que no debe juzgar con la mayor atención y presencia a las triviales peculiaridades de la humanidad.
El mundo es trivial, permanezcan en sus caminos.

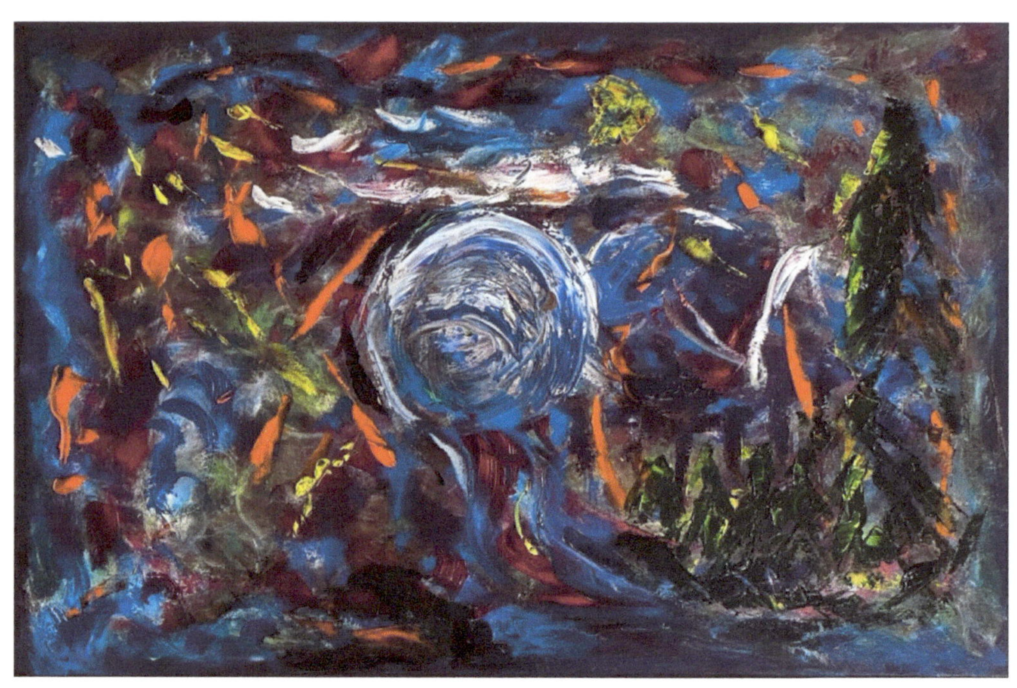

La Luna

La Luna

Just as the sun sets, arises a moon. It is the fall in the wilderness. The forest fills with the sun glow, yielding to the landscape's hue permeated by the moon's reflection of the sun.
Silence is but a stream of water, fowls, and creatures of the night, giving life to a new spectrum of light. The interchange is fair, for what we get is air, sustainable for life and the continuance of a cycle, if we only embrace it.

Blindly capturing what comes to mind, the strokes and time test yields a prominent scene, interchangeable with human emotions; one never knows its expectations, only that it will emerge from within individuals. Heavy strokes, saturated with fine details in a mixture of subtle colors.

Sometimes, we cannot control what life gives us. We can only follow our path and our ideals, which we believe ourselves to have planned. Yet, these things aren't of your true nature but a fruit of your works.

Like nature and the worldly, we can only speculate "up to a point" of what, when, where, or how.
The product of thy works is dependent on the energy invested. It is evident in the outcome of your works and relational matters. Everything else flows as it was created to do so in the universe.

Justo cuando el sol se pone, surge una luna. Es otoño en el desierto, el bosque se llena con el resplandor del sol, cediendo al tono del paisaje impregnado por el reflejo del sol de la luna. El silencio, no es más que una corriente de agua, aves y criaturas de la noche, dando vida a un nuevo espectro de luz.
El intercambio es justo, porque lo que obtenemos es aire, sustentable de por vida y la continuidad de un ciclo, si lo aceptamos.

Capturando ciegamente lo que viene a la mente, la prueba de los trazos y el tiempo arroja una escena obvia, intercambiable con las emociones humanas, uno nunca sabe sus expectativas, solo que emergerá desde dentro de los individuos. Trazos pesados, saturados de finos detalles en una mezcla de colores sutiles.

A veces, no podemos controlar lo que nos da la vida. Solo podemos seguir nuestro camino y nuestros ideales, aquello que creemos dentro de nosotros mismos haber planeado. Sin embargo, estas cosas no son de su verdadera naturaleza, sino el fruto de sus obras.

Como la naturaleza y el mundo, solo podemos especular “hasta cierto punto” sobre qué, cuándo, dónde o cómo.
El producto de tus obras depende de la energía invertida. Es evidente en el resultado de sus trabajos y asuntos relacionales. Todo lo demás fluye como fue creado para hacerlo en el universo.

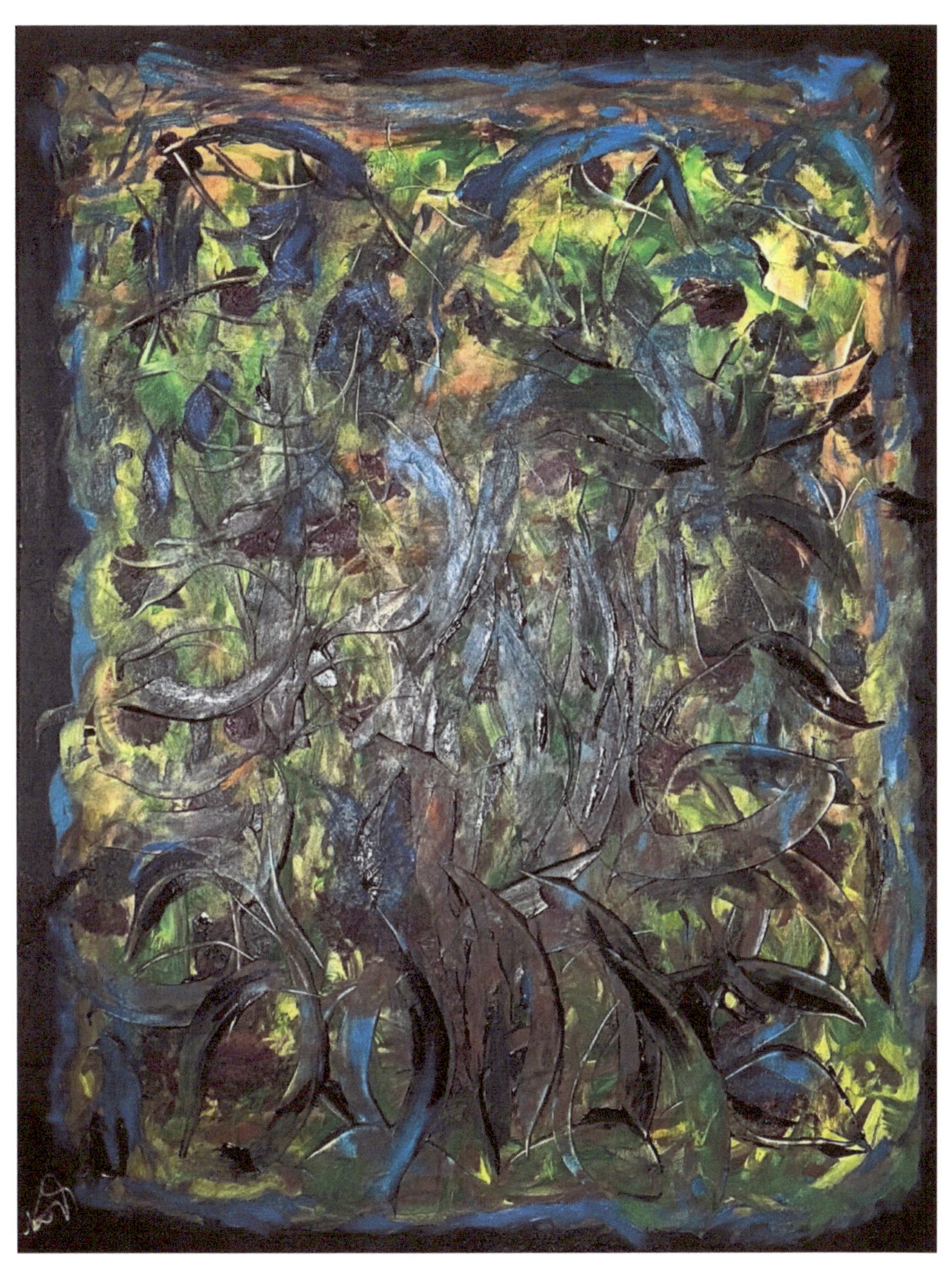

Árbol en Paraiso

Árbol en Paraiso

The Arbor in Paradise is mortal. As with the tree bearing life's fruits, paradise is deadly.
A haven to all, full of experiences leading to consequential byproducts of its interaction. Look but do not touch, lest you experience the nature of life. Yet, it is via our senses that we must perceive our experiences through our minds.
El Paraiso, es una jungla, as we create a worldly and tangible jungle, so makes the rules from nature in all its grandeur and escapade.

Defining touch, strokes, and linear scouring on canvas, lost in perception in a jungle of colors, much like a jungle of flora and fauna in a vast unsettling wilderness. Senses loss, and without direction, we're to follow through with the reluctance and hope of arrival.

Sometimes in life, we have an overwhelming sense of displacement. Know that everything you do, regardless of how trivial, will undulate perpetually and, in doing so, affect your immediate environment. It does not end there, for imprinted within are behavioral traits projected to on comers on a subconscious level. One may say it keeps the world around and humans aware of what lurks in any setting.

El arbol en el paraiso es mortal. Como ocurre con el árbol que da los frutos de la vida, el paraíso es mortal.
Un refugio para todos, lleno de experiencias que conducen a los consecuentes subproductos de su interacción. Mira, pero no toques, no sea que experimentes la naturaleza de la vida. Sin embargo, es a través de nuestros sentidos que debemos percibir nuestras experiencias a través de nuestras mentes. El paraiso, es una jungla, así como creamos una jungla mundana y tangible, también lo hacen las reglas de la naturaleza en toda su grandeza y escapada.

Definiendo el tacto, los trazos y la limpieza lineal sobre el lienzo, perdida en la percepción en una jungla de colores, muy parecida a una jungla de flora y fauna en un vasto y inquietante desierto. Sentidos perdidos, y sin rumbo, debemos seguir adelante con la desgana y la esperanza de llegar.

A veces en la vida tenemos una abrumadora sensación de desplazamiento. Sepa que todo lo que haga, independientemente de lo trivial que sea, se ondulará perpetuamente y, al hacerlo, afectará su entorno inmediato. No termina ahí, ya que impresos en su interior, se proyectan rasgos de comportamiento en los que llegan a un nivel subconsciente. Se puede decir que es lo que mantiene al mundo girando y a los humanos conscientes de lo que acecha en cualquier entorno

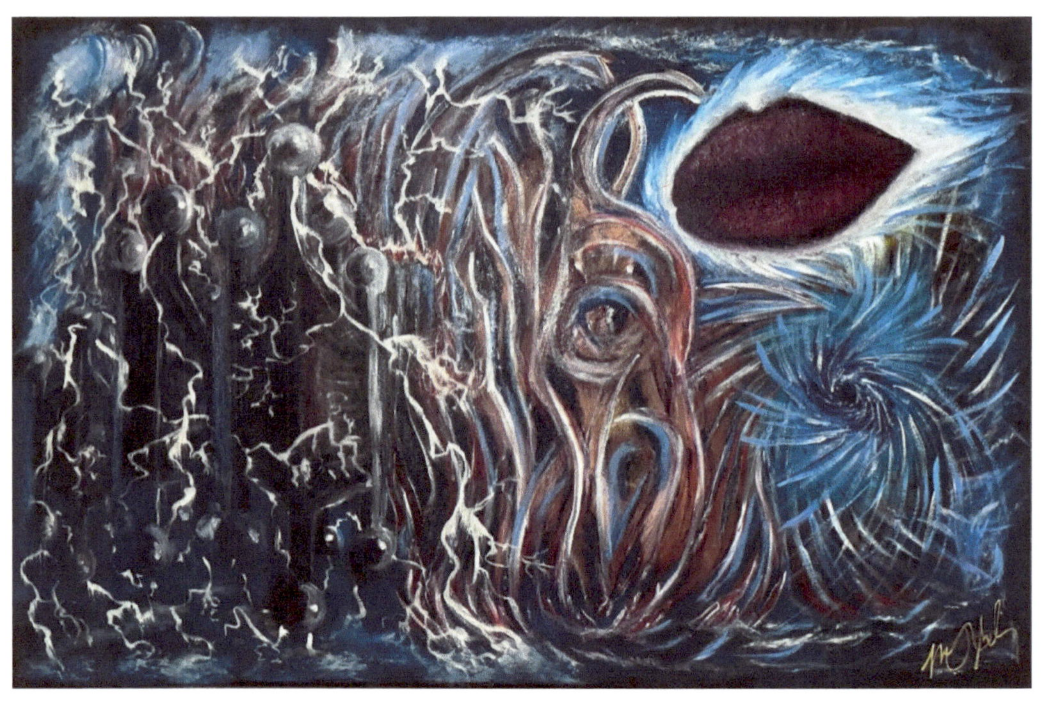

Sueño

Sueño

At the beginning of life, there appeared a dream. Recurring within and constantly awakening in despair. As life evolves, it was forgotten, only to resurface from within, meddling in a tainted form from purity.

Memories fade, life imprints, and etch itself within our spirit.
The aging sleep, disrupted by a loud clash of steel, molded upon a roaring fire. Like a heavily loaded machine, yet this fire is light as feathers.
It is a fire that never burns.

Thunder echoes in the distance. Its' origins are unknown, my sorrow, comforted with the presence of Love.
A strange feeling overwhelms the spirit.
It is a lure, lust, and dangerous dance in fiery waters that will surely either save or consume my essence.
Yet this fire doesn't burn.

Nonetheless, as life is, so is this, but a dream.
For what is reality, but pure light, and Love; yet if you're lost in an infernal, know that it is but for a season.
For you will emerge awakened, renewed, surrounded, and comforted in Love.

Al comienzo de la vida, apareció un sueño. Recurrente en el interior y despertando constantemente en la desesperación.
A medida que la vida evoluciona, fue olvidada, solo para resurgir desde adentro, entrometiéndose en una forma contaminada por la pureza.

Los recuerdos se desvanecen, las huellas de la vida y se graban en nuestro espíritu.
El sueño envejecido, interrumpido por un fuerte choque de acero, moldeado sobre un fuego rugiente.
Como una máquina pesadamente cargada, sin embargo, este fuego es ligero como plumas.
Es un fuego que nunca arde.

El trueno resuena en la distancia. Se desconocen sus orígenes, mi dolor, consolado con la presencia del Amor.
Un sentimiento extraño abruma el espíritu.
Es un señuelo, lujuria y danza peligrosa en aguas ardientes que seguramente salvará o consumirá mi esencia. Sin embargo, este fuego no arde.

Sin embargo, como es la vida, esto es así, pero un sueño.
Por lo que es realidad, pero pura luz y Amor, pero si estás perdido en un infierno, debes saber que es solo por una temporada.
Porque emergerás despierto, renovado rodeado y reconfortado en el Amor.

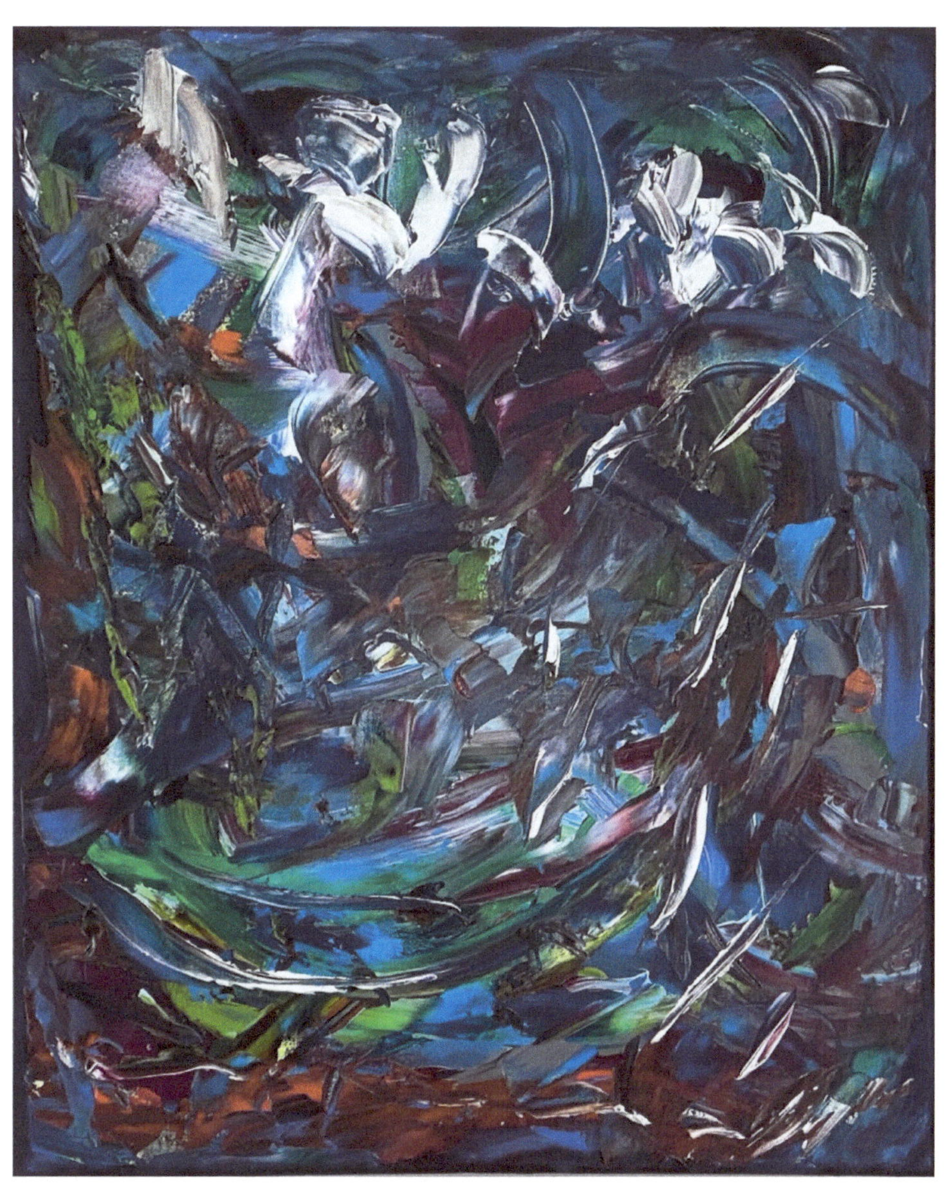

Oclumencia

Oclumencia

Emplaced by chaos, some things are ordered. As the creator emplace the appearance of lack thereof, so does the apparent merging of colorful soluble into a solid foundation. Blinded by emotion, one must attentively concentrate on the idea of perception within.
Imagery lost; yields to that which the mind wishes to convey.

Plastered upon like atoms in disregard of the laws of physics. Conveying resistance, it finds nothing visible. The perception is that which you will emplace in occulumency.

Be mindful of the intentional presence.
Such has a heart filled with an intention that may serve their needs and wants.
Recall the first rules; To love one another as one loves thyself and treat each other as we wish to be treated, for what we do and think of in this plane will account for a final phase in our existence.

Emplazado de el caos, algunas cosas están ordenadas. Como el creador emplazó a partir de la apariencia de falta del mismo, también lo hace la fusión obvia de colores solubles en una base sólida. Cegado por la emoción, uno debe concentrarse atentamente en la idea de percepción interna.
Una imaginería perdida; cede a lo que la mente desea transmitir.

Enyesado sobre átomos similares sin tener en cuenta las leyes de la física. Transmitiendo resistencia, no encuentra nada visible. La percepción es la que tú quieras, emplazada en oclusión.

Sea consciente de la presencia intencional. Tal tiene un corazón lleno de intención que puede satisfacer sus necesidades y deseos.
Recuerde las primeras reglas; Amarnos unos a otros como nos amamos a nosotros mismos y tratarnos como deseamos ser tratados, por lo que hacemos y pensamos en este plano, explicará una fase final de nuestra existencia.

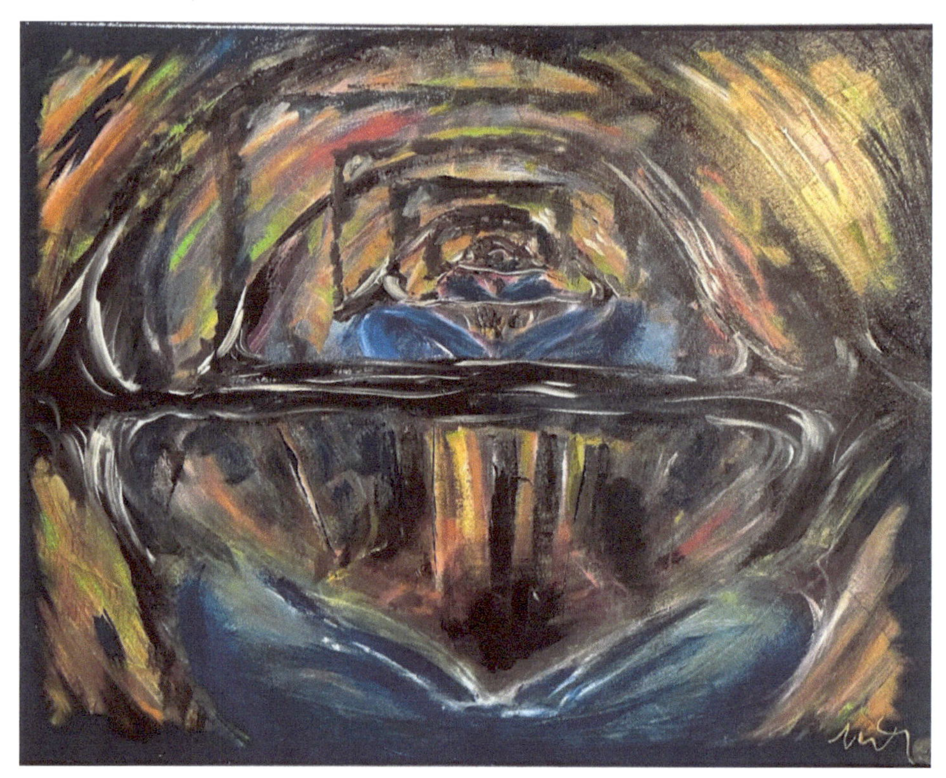

Ió

Ió

Ió capturing a traumatic event, grateful for continuance in the visible, despite the inner workings of modern science.
Perception is but a small percentage of visibility. It is the brain that sees all we perceive, and as it does, it will ensure its evolution via imprint and experiences to reconstruct a world based on bottom-up and top-down processes.

Oil maleates and permeates a temporary depiction of perception within the eye, shapely converging what was once known, echoing like opposed mirrors disappearing into an eternity.
The familiar tones ease the mindset and serve to remind us of life's frailties.

Circumstances overtake our well-being when least expected.
It is essential to follow the paths and the uncontrollable situations which unfold mysteriously upon us.
Chances are, these things that come to pass, whether afflicting or not, are but a result of our very own forgotten choices.

Ió capturando un evento traumático, agradecido por la continuidad en lo visible, a pesar del funcionamiento interno de la ciencia moderna. La percepción es solo un pequeño porcentaje de visibilidad. Es el cerebro el que ve todo lo que percibimos y, al hacerlo, asegurará su evolución a través de la impronta y las experiencias para la reconstrucción de un mundo basado en procesos de abajo hacia arriba y de arriba hacia abajo.

El aceite malea e impregna una representación temporal de la percepción dentro del ojo, convergiendo de forma bien formada lo que una vez se conocía, resonando como espejos opuestos que desaparecen en una eternidad.
Los tonos familiares alivian la mentalidad y sirven para recordarnos las debilidades de la vida.

Las circunstancias superan nuestro bienestar cuando menos se espera. Es imprescindible seguir los caminos y las situaciones incontrolables que se despliegan misteriosamente sobre nosotros. Lo más probable es que estas cosas que suceden, ya sean afligidas o no, no sean más que el resultado de nuestras propias decisiones olvidadas.

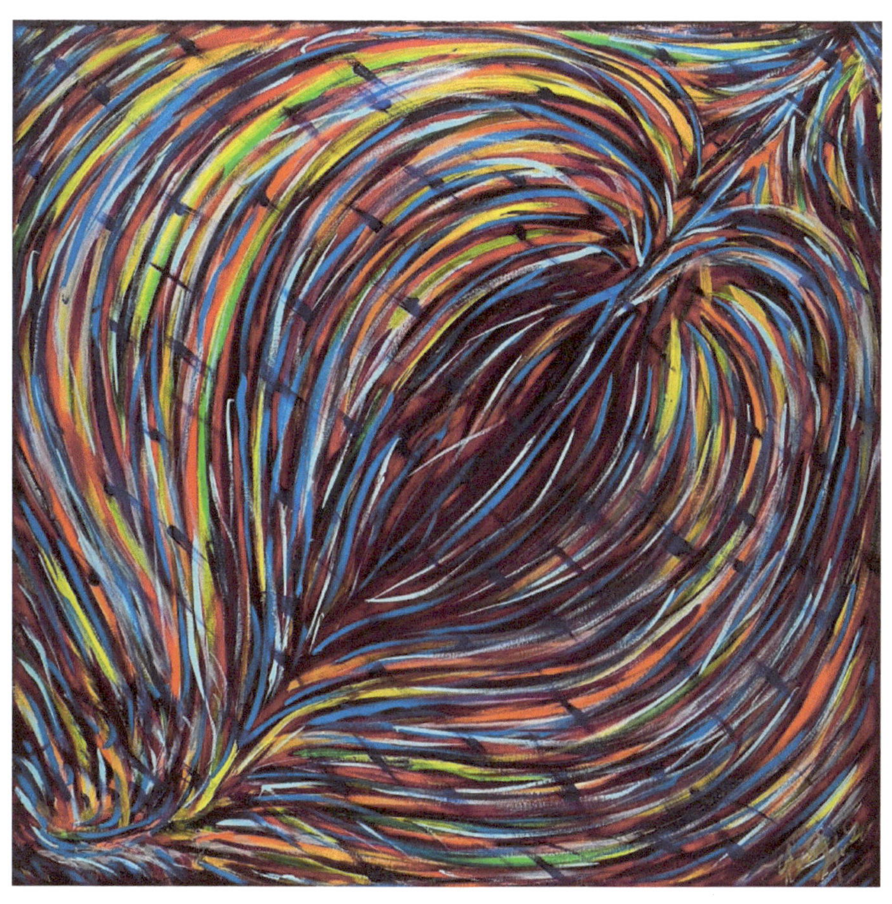

Corazon

Corazon

To have a heart is perceived as having character within the soul. The heart is believed to have been what the mind is. What the mind feels resonates within the heart, to the extent of joys, love, or pain. Often overlooked, it will beat millions upon millions of times. An entity within strives to endure and survive, yet this heart by itself is lost and hence needs the companionship of otherkin to remain happy. What the mind feels, so does the heart, interconnected within and without, creating a human.

Repeated strokes flatten the curves with sporadic peaks.
Much like the heart is repetitious, so are the patterns emblematic of form, echoing and tunneling like resonating soundwaves created by its beat.

The heart and mind are one. It is said that a lonely heart wilts and dies, like a rose yearning for sun and water. In companionship, hearts will automatically synchronize themselves in a rhythmic beat with your lover, all while you're asleep.

Hence, If you have loved once, you've left a piece of your heart. And if you've loved many times, your heart remains scattered in many entities until you have but a small portion of yourself.

Be mindful of whom you love but love all above all things.

Tener corazón se percibe como tener carácter dentro del alma. Se cree que el corazón era lo que es la mente. Lo que la mente siente, resuena dentro del corazón, hasta niveles de alegría, amor o dolor.
A menudo se pasa por alto, ganará millones y millones de veces. Una entidad interior, se esfuerza por perdurar y sobrevivir, pero este corazón por sí solo está perdido y, por lo tanto, necesita la compañía de otros parientes para sobrevivir en la felicidad.
Lo que siente la mente, lo hace el corazón, interconectado por dentro y por fuera, creando lo que es, humano.

Los trazos repetidos aplanan las curvas con picos esporádicos. Al igual que el corazón es repetitivo, también lo son los patrones emblemáticos de la forma, haciendo eco y haciendo un túnel como ondas sonoras resonantes creadas por su latido.

El corazón y la mente son uno. Se dice que un corazón solitario se marchita y muere, como una rosa que anhela el sol y el agua. En compañía, los corazones se sincronizarán automáticamente en un ritmo armonioso con tu amante, todo mientras estás dormido.

Por lo tanto, si has amado una vez, has dejado un pedazo de tu corazón, y si has amado muchas veces, tu corazón permanece en muchas entidades, hasta que tengas una pequeña porción para ti.

Ten en cuenta a quién amas, pero ama sobre todas las cosas.

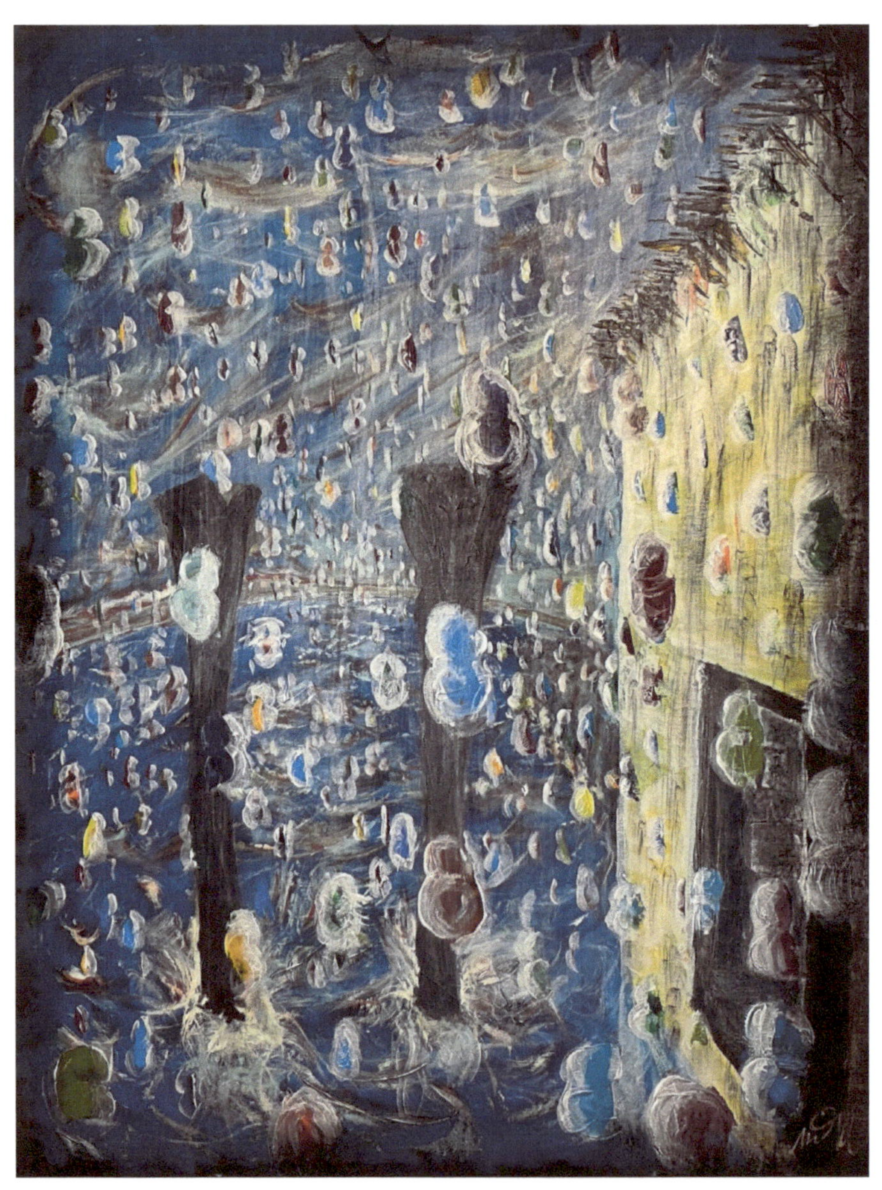

Vuelo

Vuelo

I dreamt with two past individuals. They stood by a tall counter procuring and oblivious to my presence.

The innocent one suddenly gestured. Smiling, I floated onto a room. There before stood a window.

Peering outwardly, I saw the vastness of deep waters amidst the structure, the pillars of Hercules.

Ushered onto the vastness of space swung a colorful array of souls, swinging like a pendulum of an old grandfather clock.

I was assured of flight and, in a leap of faith, joined the swinging gait of souls, dancing in the air.

Soñé con dos personas del pasado, que estaban junto a un alto mostrador procurando e inconscientes de mi presencia.

El inocente, de repente hizo un gesto. Sonriendo, floté en una habitación, allí antes había una ventana.

Mirando hacia afuera, vi la inmensidad de las aguas profundas, en medio de la estructura, los pilares de Hércules.

Llegados a la inmensidad del espacio, una colorida variedad de almas se balanceaba como el péndulo de un viejo reloj de pie.

Tuve la seguridad de volar y en un acto de fe, me uní al andar oscilante de las almas, bailando en el aire.

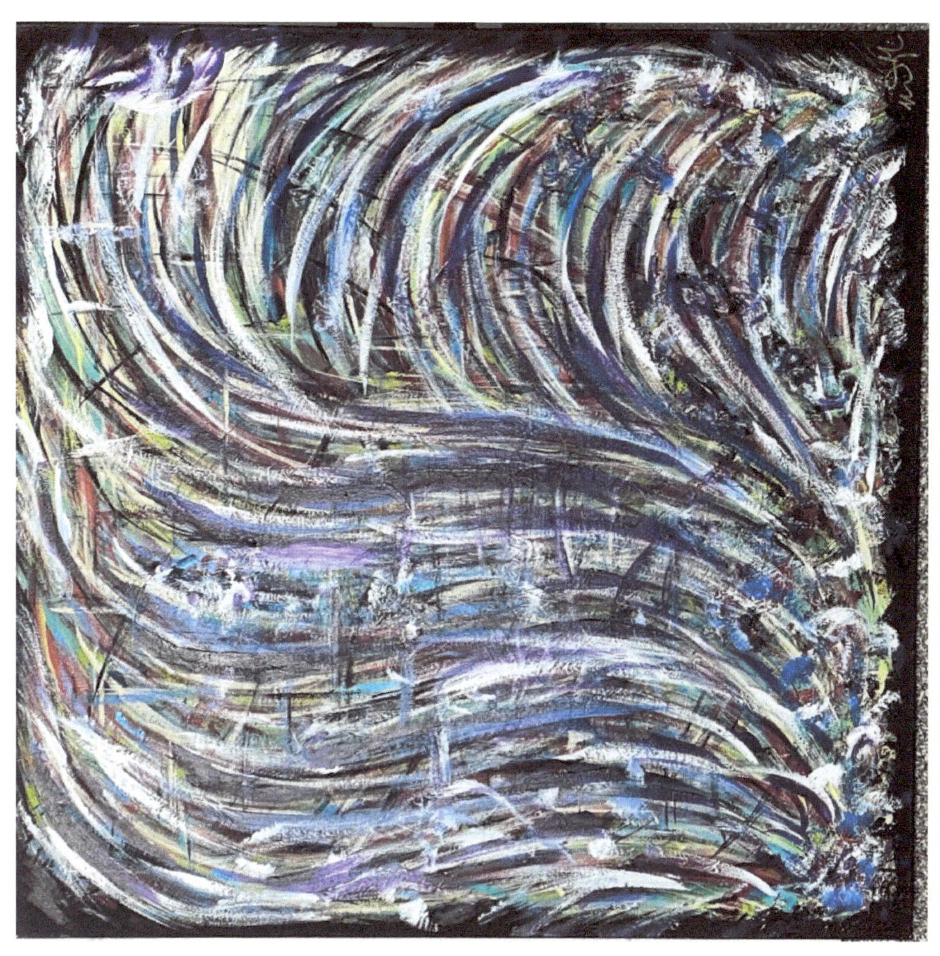

La Óla

La Óla

Friendliness dwells in your shallowness, and in such manifest's a danger within.
It is your friend amidst deep oceans, yet the deep oceans are inseparable from the tornadoes created within your soul.

The shallows protruding a dwell, a systematic and kinetic force within its wavelength.
It increases with such magnitude designed to cut through the hardest of diamonds.
It sings in friendliness and may save your life from the dangers of the corals.
Nonetheless, ride the crest, lest it is a safe choice in unpredictable dangers lurking beneath.

Spontaneity, at times, yields wonders and sometimes unexpected results from choice.
Such results may be unbecoming to the bearer, yet priceless to whom desires, for everyone is a world within its own.

Smooth archaic blends of colors conceal a much-needed light spectrum, like waves in the oceans, allowing careful navigation.

La amabilidad habita en tu superficialidad, y en tal manifestación hay un peligro interno. Es tu amigo en medio de océanos profundos, pero los océanos profundos son inseparables por los tornados creados dentro de tu alma.

Los bajíos sobresalen de una morada, una fuerza cinética y sistemática dentro de su longitud de onda.
Aumenta con tal magnitud diseñada para cortar los diamantes más duros.
Canta con simpatía y puede salvarle la vida de los peligros de los corales.
No obstante, súbete a la cima, no sea que sea una opción segura en los peligros impredecibles que acechan debajo.

La espontaneidad a veces produce maravillas y, a veces, resultados inesperados de la elección.
Tales resultados pueden ser impropios para el portador, pero invaluables para quien lo desee, porque cada uno es un mundo dentro del suyo.

Las suaves mezclas arcaicas de colores ocultan un espectro de luz muy necesario, como las olas en los océanos, lo que permite una navegación cuidadosa en el interior.

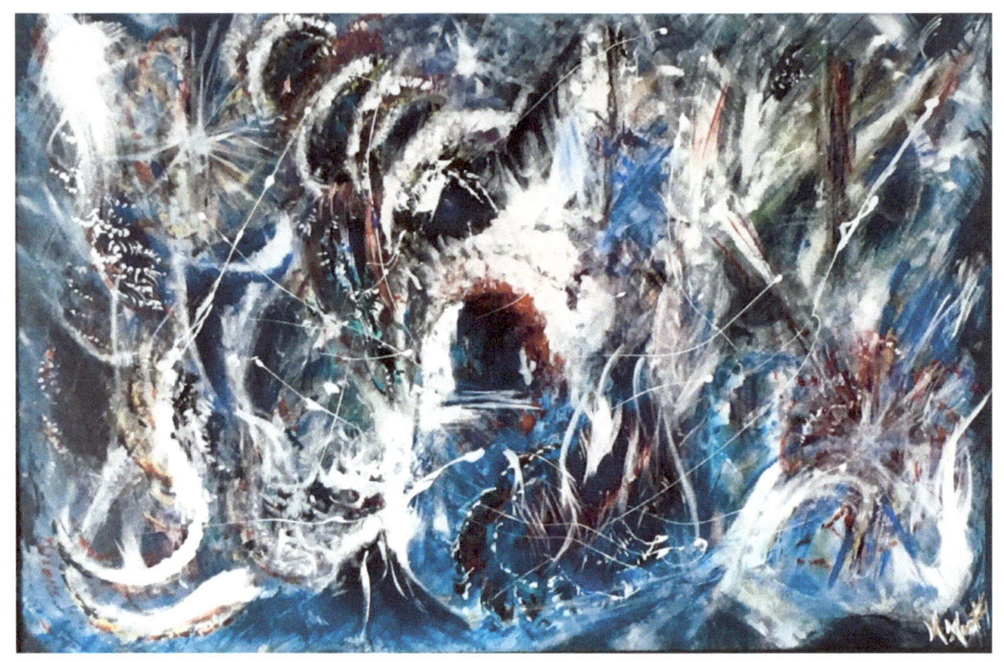

Tempestad

Tempestád

Beethoven, Tchaikovsky, Mozart, and 432 frequencies filling the air; one splash after the other, rhythmically pasting the soul's dance.

A sea of love, orbs, angels, ocean waves, and earth creatures render a storm of the senses morphing before the presence of each beholder. Not one revelation is identical, hence the guided imagination.

Beethoven, Tchaikovsky, Mozart y 432 frecuencias llenando el aire; un chapoteo tras otro, pegando rítmicamente la danza del alma.

Un mar de amor, orbes, ángeles, olas del océano y criaturas terrestres hacen que una tormenta de sentidos se transforma ante la presencia de cada espectador. Ninguna revelación es idéntica, de ahí la imaginación guiada.

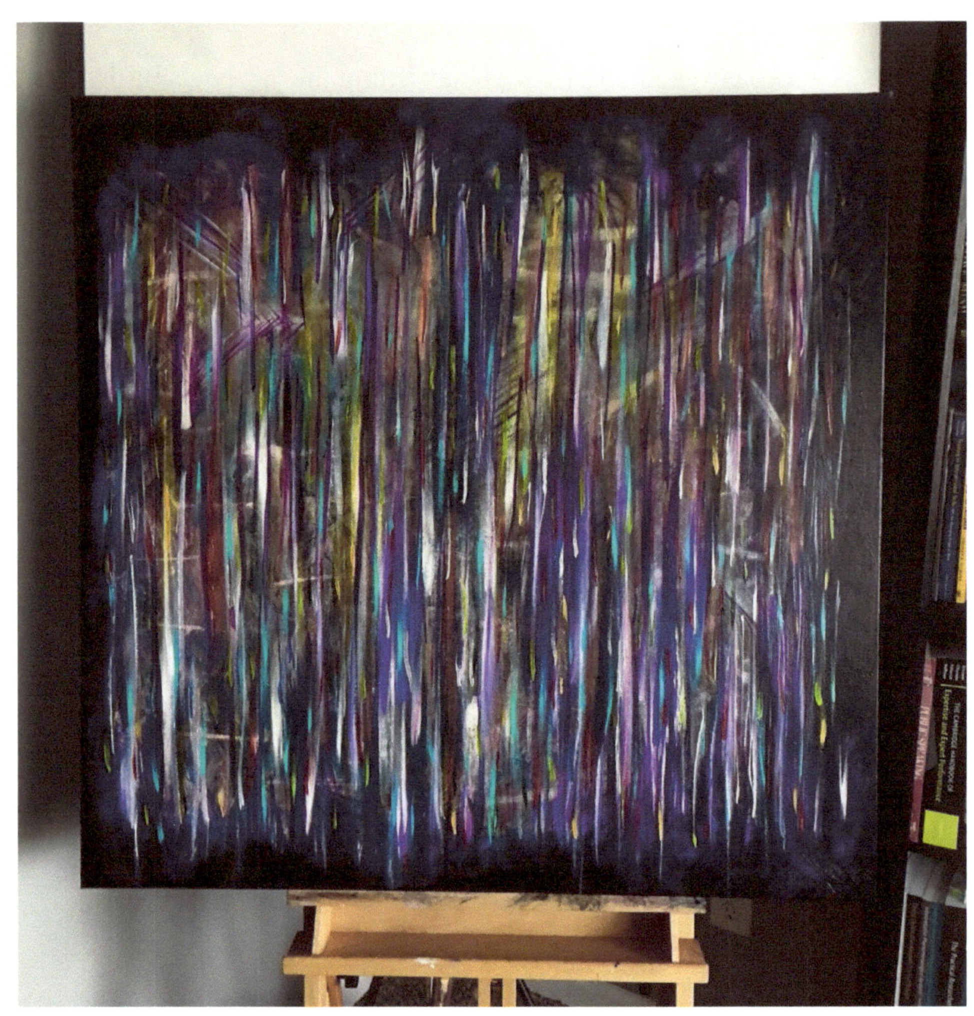

Lluvia

Llúvia

Meditating to Eastern Asian music, the brush strokes emerged a beautiful tropical flowery pattern. Unfulfilled, the quest continued in the seeking of meaningful expression.

The consistency of strokes yielded a purplish rain, transcending beyond the realm and exposing souls yearning to peer into our reality.

Only a test of time will manifest to each viewer, the essence's peering from beyond.

Meditando con la música de Asia oriental, las pinceladas emergieron como un hermoso patrón floral tropical. Sin cumplir, la búsqueda continuó en la búsqueda de una expresión significativa.

La consistencia de los trazos produjo una lluvia purpúrea, que trascendió más allá del reino y exponía a las almas que anhelaban asomarse a nuestra realidad.

Solo una prueba de tiempo se manifestará a cada espectador, la esencia observando desde más allá.

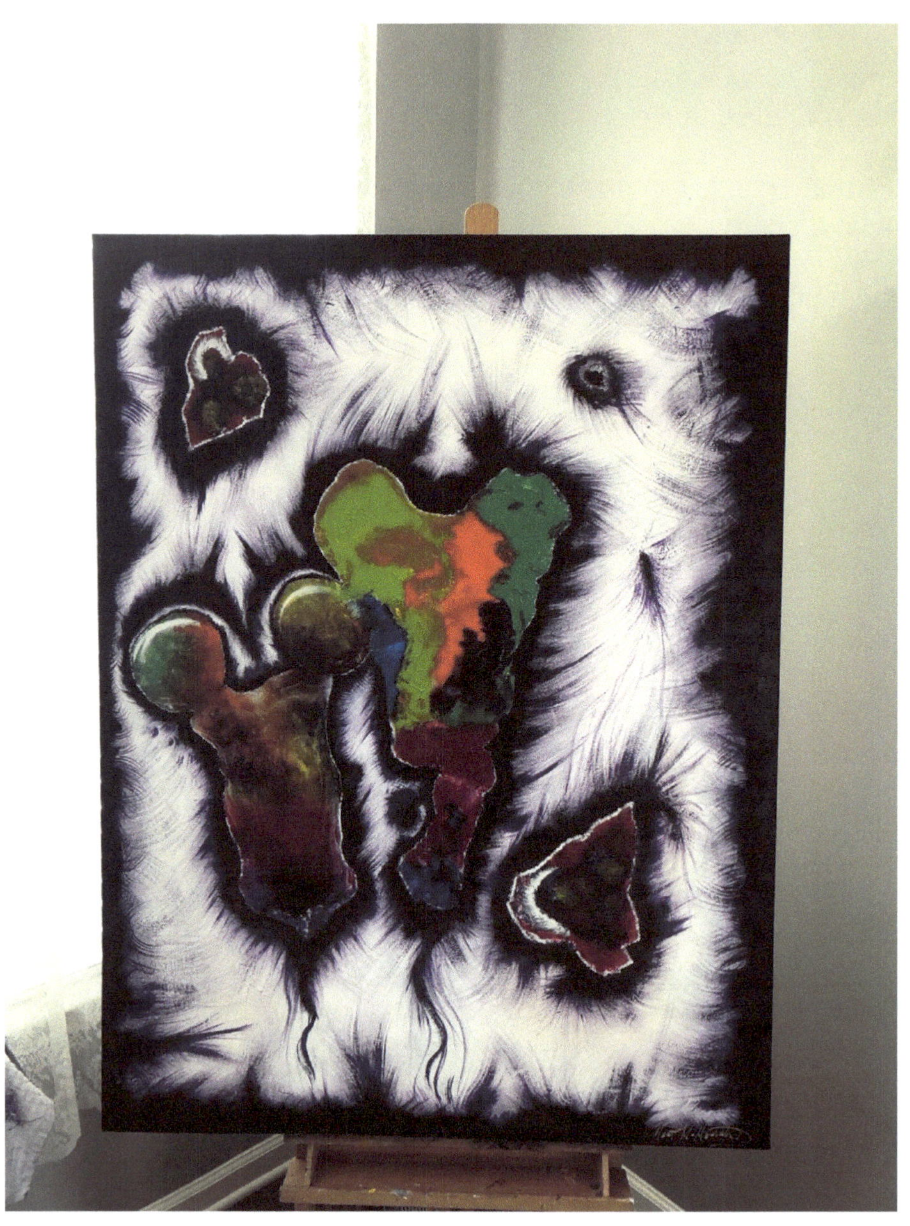

Soulmate

Soulmate

Playful, daring, and witty. Exploring the senses, shedding inhibition, and embracing the sensuality of the human form.

Thus, I am surrendering to lust plastered onto a kaleidoscope of subtle colors indicative of the timid yet daring essence of being human.

Dare not to question your expansive mindsets in actions, for wisdom's attained through the experiential evolutionary process of the spirit.

Juguetón, atrevido e ingenioso. Explorando los sentidos, deshaciéndose de la inhibición y abrazando la sensualidad de la forma humana.

Por lo tanto, me rindo a la lujuria plasmada en un caleidoscopio de colores sutiles que indican la esencia tímida pero atrevida del ser humano.

No se atreva a cuestionar su mentalidad expansiva en las acciones, porque la sabiduría se obtiene a través del proceso evolutivo experiencial del espíritu.

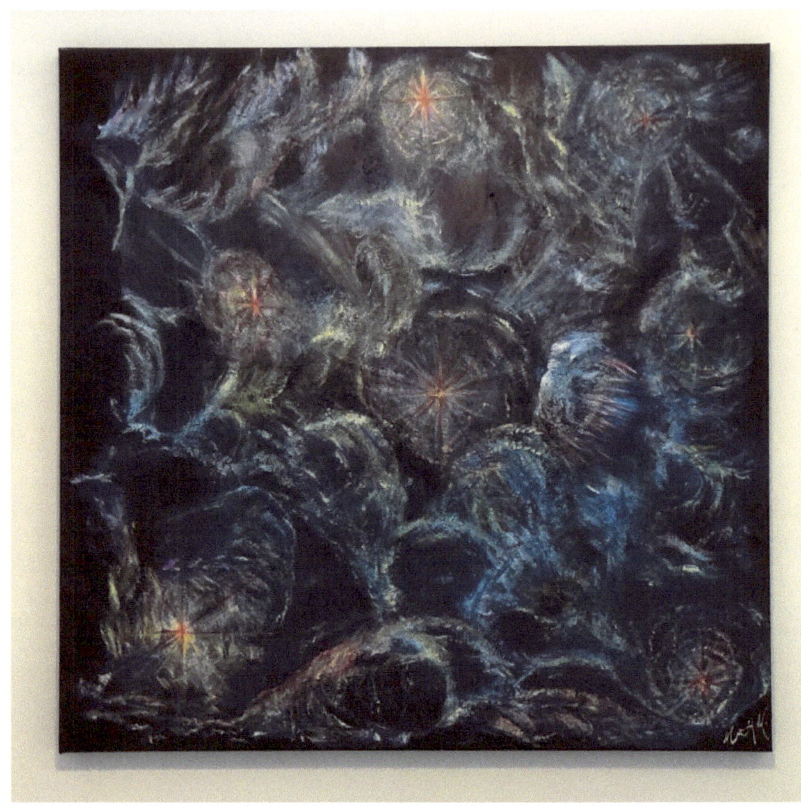

Transcendência

Transcendéncia

In a quest for a meaningful memory, it transcends a universal cluster of lights and clouds. The journey is a loss, the destination unknown. The unknown is feared to those who are asleep.

Awaken yourselves from the human construct and illusion of time. Thus, time is tangible, for time is infinite like a circle without its beginning or end.

En la búsqueda de una memoria significativa, trasciende un grupo universal de luces y nubes. El viaje es una pérdida, el destino desconocido. Lo desconocido es temido por los que duermen.

Despertad de la construcción humana y la ilusión del tiempo. Por tanto, el tiempo es tangible, porque el tiempo es infinito como un círculo sin principio ni fin.

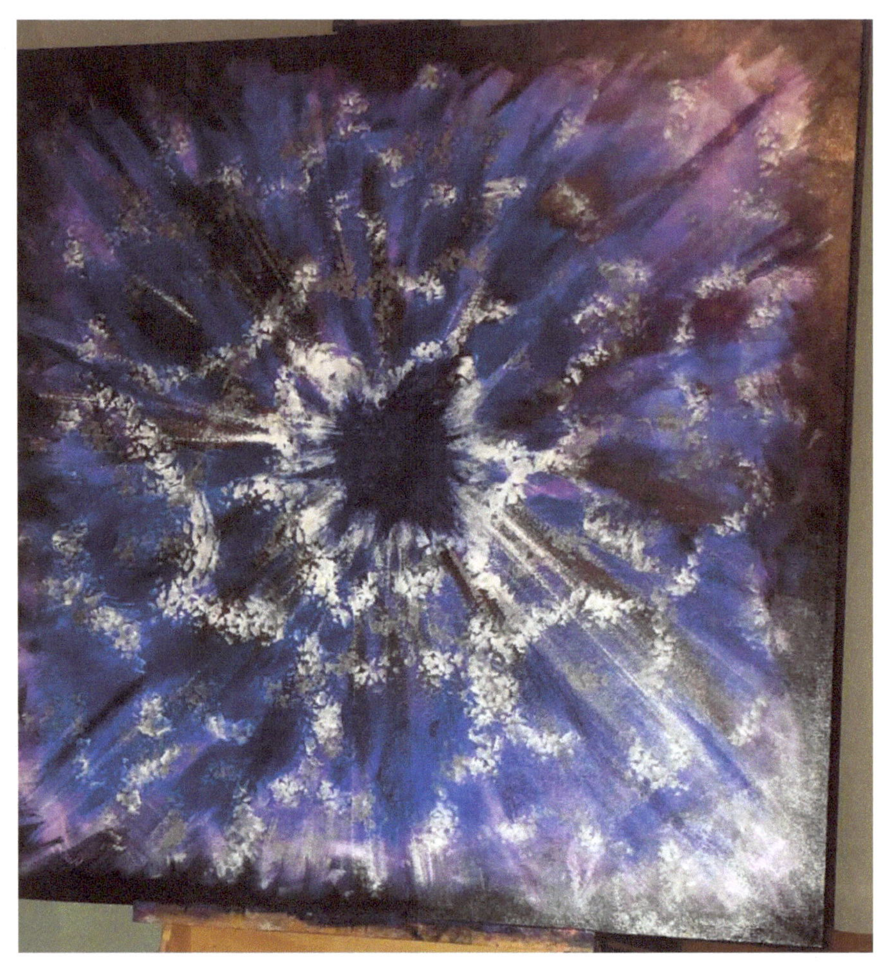

Transcendencia Perdida

Transcendéncia Perdida

Lost in the annals of childhood memories for eternity. An attempt to capture the mind's eye in a distant impression failed at its own worst critic.

A glimpse of a future depiction from a distant past? Perhaps time was captivated in limbo.
Yet, a distant past-tense needs replacement by the mind, ensuring the transcendence of the spirit, individual maturity, and evolution.

Look forth beyond your future and be present today at the moment.

Perdido en los anales de los recuerdos de la infancia por la eternidad. Un intento de capturar el ojo de la mente en una impresión distante fracasó ante su peor crítica.

¿Un atisbo de una representación futura de un pasado lejano? Quizás el tiempo quedó cautivado en el limbo.
Sin embargo, un tiempo pasado distante necesita ser reemplazado por la mente, asegurando la trascendencia del espíritu, la madurez individual y la evolución.

Mire más allá de su futuro y esté presente hoy en el momento.

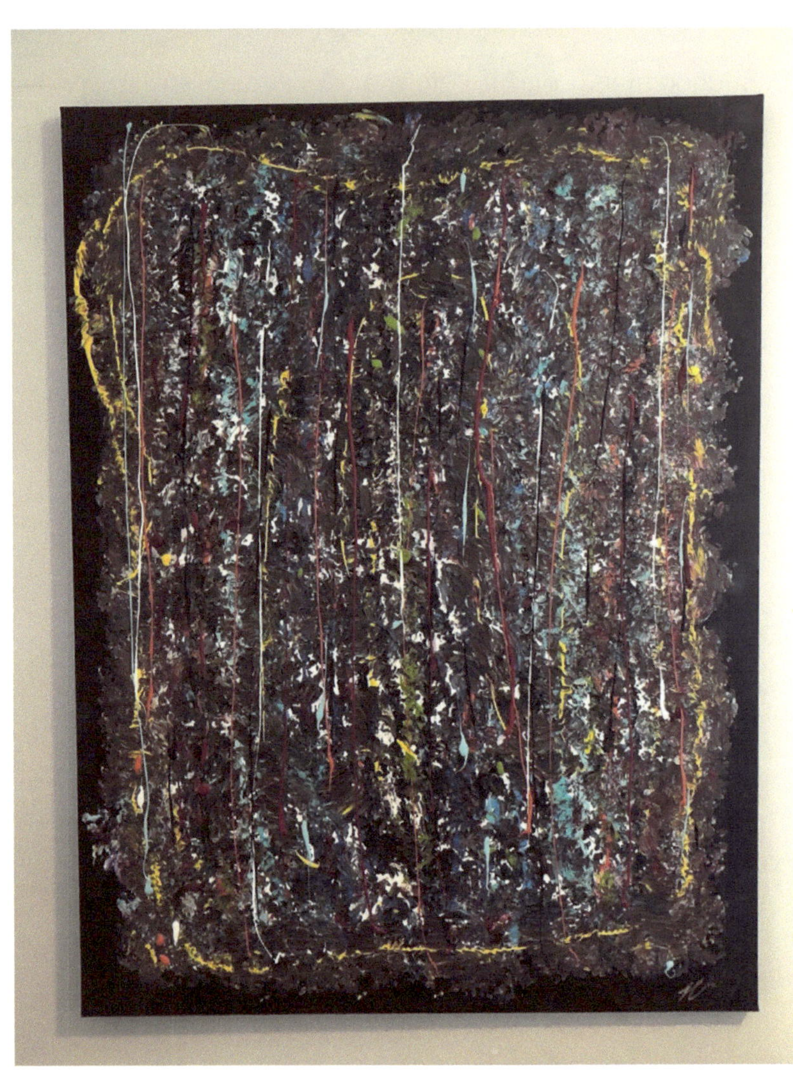

Braille

Braille

Braille speaks to the soul via tactile. Bright, linear, drunken melding colors awaken the sense of touch and proximate visual stimuli in a blink of an eye.

The visionary quest stems from eroded canyons and gullets bursting with blooms.
Its valleys, invisible to the naked eye, speak via the language of Braille for all to see, touch, and discover.
The essence is such as the secrets held by a woman's heart.

El braille le habla al alma a través del tacto. Los colores brillantes, lineales y borrachos que se fusionan despiertan el sentido del tacto y los estímulos visuales cercanos en un abrir y cerrar de ojos.

La búsqueda visionaria proviene de cañones erosionados y gargantas llenas de flores.
Sus valles, invisibles a simple vista, hablan a través del lenguaje Braille para que todos puedan ver, tocar y descubrir.
La esencia es como los secretos que guarda el corazón de una mujer.

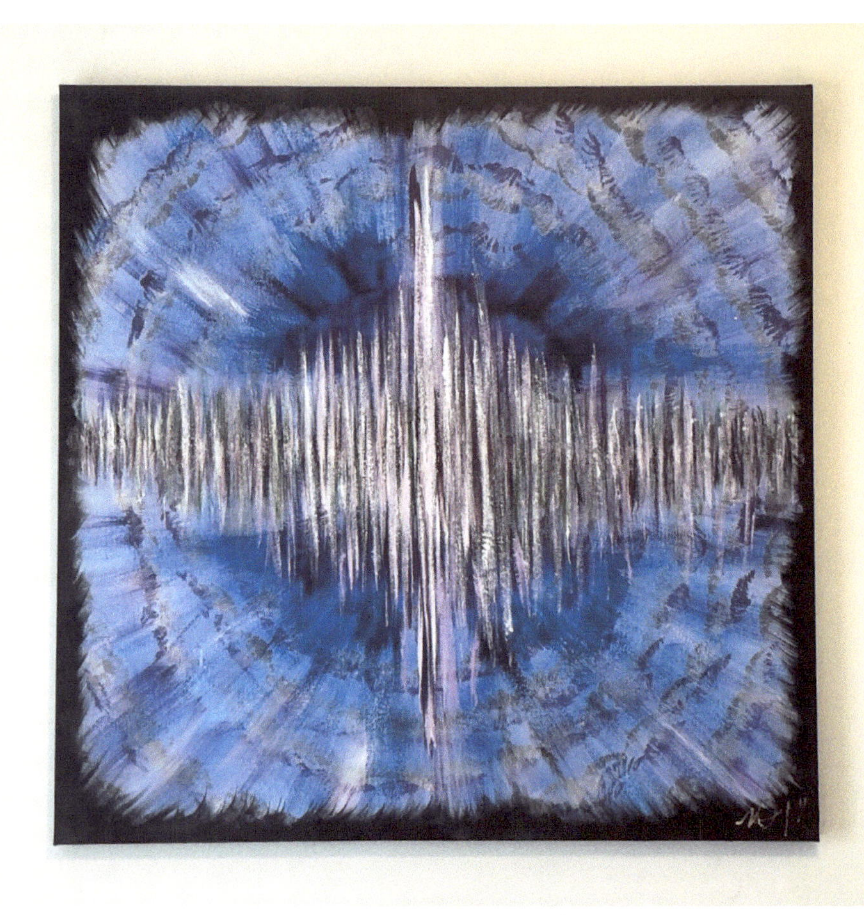

La Bienvenida

La Bienvenida

In death, a bright flash of light, but there was immediate darkness, followed by pitch blackness, inclusive of an awakening of all human senses. The scent of death instills fear onto the unawakened mind.

One thing remains after a renewed promise of life: a faint memory capturing the unexplainable event in mind and an assurance of the possibilities of a certain grandeur. As long as there is a breath of life within, there remains hope, and with faith, all is possible.

En la muerte, un destello de luz brillante, pero hubo oscuridad inmediata, seguida de una oscuridad total, incluido el despertar de todos los sentidos humanos. El olor de la muerte infunde miedo en la mente que no está despierta.

Una cosa permanece después de una renovada promesa de vida: un débil recuerdo que captura el inexplicable evento en la mente y una seguridad de las posibilidades de una cierta grandeza. Mientras haya un soplo de vida en el interior, queda esperanza, y con fe todo es posible.

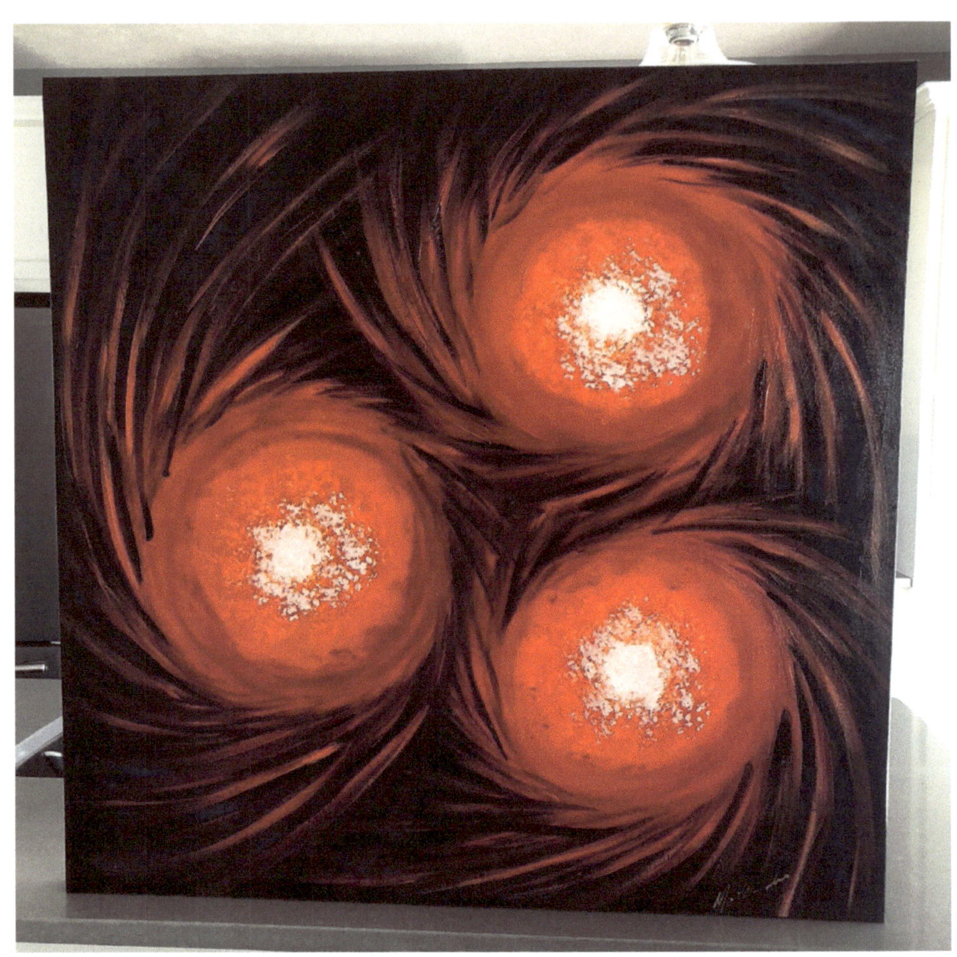

Michaelo

Michäelo

Upon shutting my eyes, rushing fire flashes before me, hurdling into the deepest part of my mind and past my soul.

Inevitable to elude, it has been with me since I recall. The living fire, representing the archangel, is the very essence of God.

Perhaps it is the universe, the sun, or merely the occipital lobe of the visual cortex processing given data.

The manifestation of light, hence, is summoned with ease. The anomaly shall not pass but be within my being for eternity.

Al cerrar los ojos, un fuego veloz destella ante mí, entrando en la parte más profunda de mi mente y más allá de mi alma.

Inevitable para eludir, ha estado conmigo desde que tengo memoria. El fuego vivo, que representa al arcángel, es la esencia misma de Dios.

Quizás sea el universo, el sol o simplemente el lóbulo occipital de la corteza visual que procesa datos dados.

La manifestación de la luz, por tanto, se convoca con facilidad. La anomalía no pasará sino que estará dentro de mi ser por la eternidad.

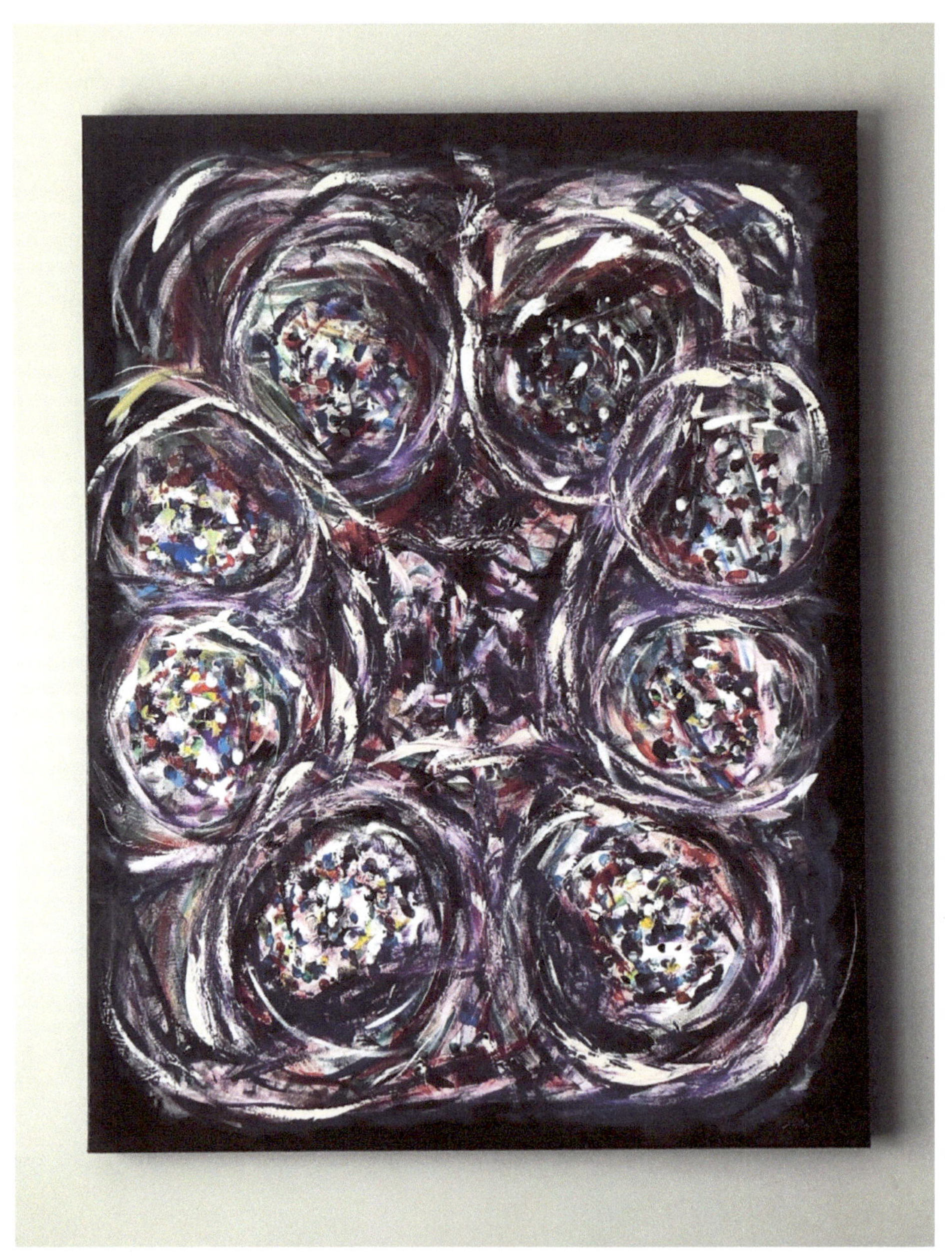

Mujér

Mujér

I am thinking of the female form, the feminine way of thinking. Pensive, filled with desire and frustration, tunneling colors capture a subtle lustfulness. I am annoyed at this complex form of thinking and understanding.

The abstractness is as mystical, ethereal, effervescent, sensual, and abstract as is a woman's essence. It was designed by a divine nature to be accepted, understood, loved, and listened to in its pure form.

The enigma is lusted and desired by many incapables of comprehending or appreciating her intuitive nature.

Pienso en la forma femenina, la forma de pensar femenina. Pensativo, lleno de deseo y frustración, los colores tunelizados capturan una lujuria sutil. Me molesta esta forma compleja de pensar y comprender.

La abstracción es tan mística, etérea, efervescente, sensual y abstracta como la esencia de una mujer. Fue diseñado por una naturaleza divina para ser aceptado, comprendido, amado y escuchado en su forma pura.

El enigma es codiciado y deseado por muchos incapaces de comprender o apreciar su naturaleza intuitiva.

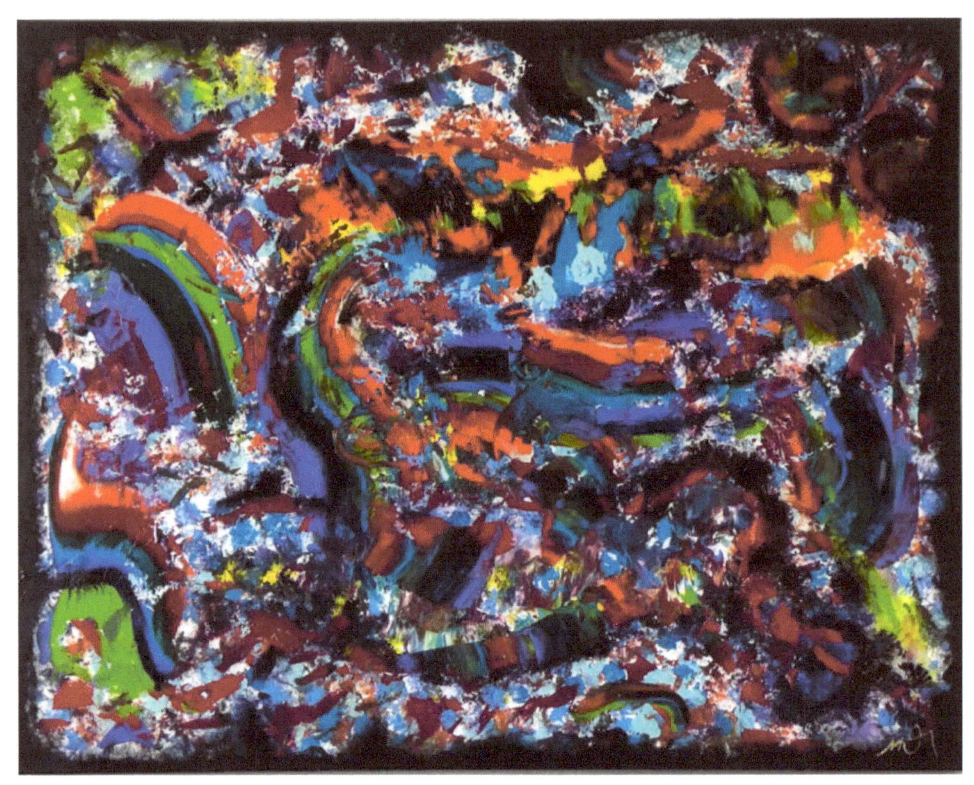

Sensualidades

Sensualidádes

Free me of my inhibitions, o' wise love; spread and plaster my body, inclusively of my soul in an archaic prismatic medley of color representing my youth, ambition, lust, love, and promiscuity in a spectral dance.

An awakening of the senses manifests themselves in a mundane dance, thus leaving traces within the soul of the moments captured within time and space, eternally imprinted in the fabric of life, lustfulness, and love. For what is life without dance, without music, or love?

Líbrame de mis inhibiciones, oh sabio amor; Extiende y enyesa mi cuerpo, incluso mi alma, en una mezcla arcaica y prismática de colores que representan mi juventud, ambición, lujuria, amor y promiscuidad en una danza espectral.

Un despertar de los sentidos se manifiesta en una danza mundana, dejando rastros en el alma de los momentos capturados en el tiempo y el espacio, eternamente impresos en el tejido de la vida, la lujuria y el amor. Porque ¿qué es la vida sin baile, sin música, sin amor?

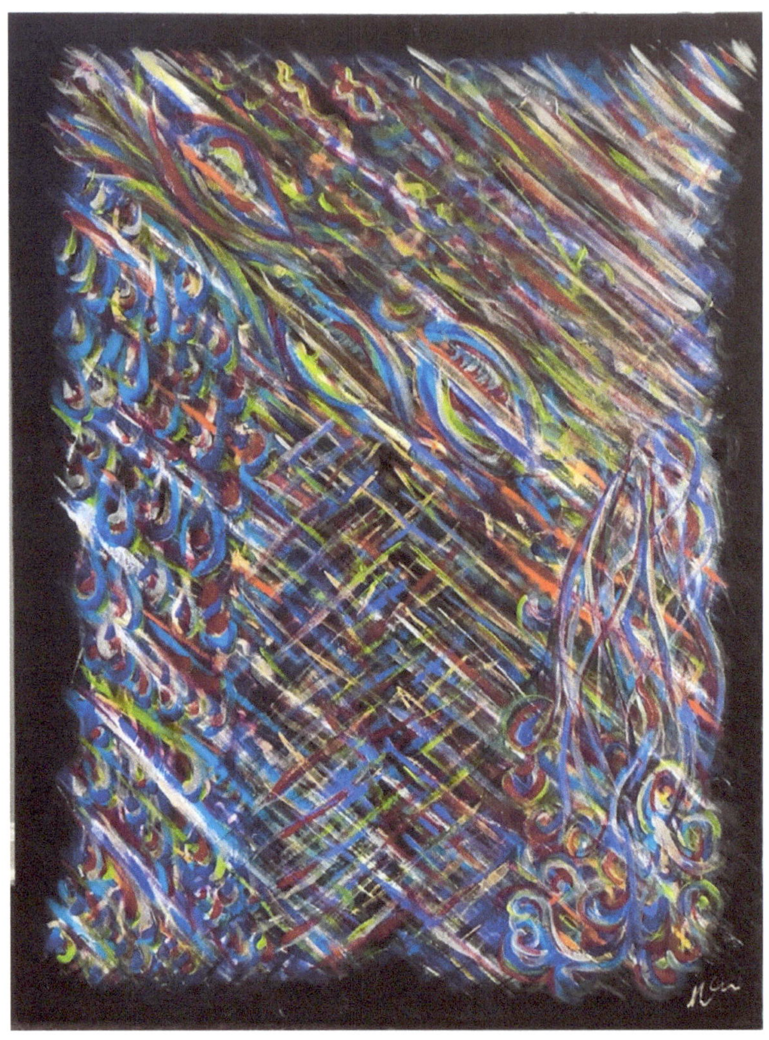

Introspección

Introspección

A meditative search deep within the soul exposes and releases attributes, thus enhancing the spirit. I find anger, pain, and triggers in this journey against hostile and inhumane acts.
Yet I am an observer, I am nothing, and nothing is everything; hence everything is me.

Acknowledging the hidden aspects of this virtue allows one to be free in the art of being present, thus introspecting an array of colorful abstracts conveying that which is meaningful to anyone who chooses to be accountable in the moment. Joy, pain, sorrow, love, and happiness will flow like rivers of teardrops falling from the sky.

Una búsqueda meditativa en lo profundo del alma expone y libera atributos, mejorando así el espíritu. Encuentro ira, dolor y detonantes en este viaje contra actos hostiles e inhumanos.
Sin embargo, soy un observador, no soy nada y nada es todo; por eso todo soy yo.

Reconocer los aspectos ocultos de esta virtud le permite a uno ser libre en el arte de estar presente, introspectando así una variedad de coloridos abstractos que transmiten lo que es significativo para cualquiera que elija ser responsable en el momento. La alegría, el dolor, la tristeza, el amor y la felicidad fluirán como ríos de lágrimas que caen del cielo.

The End, for now

El Fin, por ahora

www.ingramcontent.com/pod-product-compliance
Lightning Source LLC
LaVergne TN
LVHW070150110826
845147LV00002B/361
* 9 7 8 1 9 4 4 3 6 9 0 8 8 *